Lars Kreft

Verkehrserziehung in der Grundschule

Handlungsorientierte Unterrichtsmaterialien für das 3. und 4. Schuljahr

Auer Verlag GmbH

Gedruckt auf umweltbewusst gefertigtem, chlorfrei gebleichtem
und alterungsbeständigem Papier.

1. Auflage. 2003
Nach der Neuregelung der deutschen Rechtschreibung

Illustrationen: Manfred Tophoven
Gesamtherstellung: Ludwig Auer GmbH, Donauwörth
ISBN 3-403-0**3880**-7

Inhaltsverzeichnis

Vorwort

Verkehrserziehung als Beitrag zur Sicherheits-, Sozial-, Umwelt- und Gesundheitserziehung in der Grundschule

Die für ca. 10 Unterrichtsstunden geplante Lernstraße enthält differenzierte Angebote des Sachunterrichts, die aus den Interessenschwerpunkten und Fragestellungen der Kinder entwickelt wurden und den vier im Titel genannten Schwerpunktbereichen zugeordnet werden können.

Die Auseinandersetzung der Kinder mit radfahrspezifischen Fragestellungen leistet einen Beitrag dazu, dass sie sich zu sicherheitsbewussten, rücksichtsvollen und umweltbewussten Verkehrsteilnehmern entwickeln. Der handelnde Umgang mit den verschiedenen Teilaspekten der Thematik Fahrrad und Verkehr steht dabei im Vordergrund.

Im Vorfeld des Stationslernens sollte eine einführende Orientierungsstunde zum Thema Verkehrserziehung durchgeführt sowie einzelne Schwerpunkte mit den Kindern vorbesprochen bzw. wiederholt werden: radfahrrelevante Verkehrsschilder, Vorfahrtsregeln, Verkehrsbeobachtungen, das korrekte Linksabbiegen, ...

Es empfiehlt sich, die fächerübergreifende Einheit durch praktische Übungen zu ergänzen. In Zusammenarbeit mit der Sportlehrkraft können z. B. Übungen zur Schulung der radfahrrelevanten motorischen Fähigkeiten und Sinnesleistungen der Kinder durchgeführt werden.

Der bei der Kreisbehörde zuständige Beamte der Verkehrssicherheitsberatung, Klaus Aufenanger, hat in zahlreichen persönlichen Gesprächen immer wieder die Notwendigkeit einer ganzheitlichen und schülerorientierten Verkehrserziehung unter Einbeziehung der Eltern betont und mir jederzeit als hilfsbereiter Ansprechpartner zur Verfügung gestanden – dafür möchte ich ihm herzlich danken!

Informationen für die Lehrerin und den Lehrer

Thema der Unterrichtseinheit:
Eine Lernstraße mit differenzierten Angeboten rund um Fahrrad und Verkehr als Beitrag zur Radfahrausbildung – vertiefendes Üben und Entdecken im handelnden Umgang mit den radfahrspezifischen Aspekten der Verkehrserziehung.

Schwerpunktziel:
Die Kinder sollen sich zu sicherheitsbewussten, rücksichtsvollen und umweltbewussten Verkehrsteilnehmern und -gestaltern entwickeln.

Sie sollen:

- sich selbstständig Kenntnisse zur Geschichte des Fahrrades aneignen.
- selbstständig einen Fahrradschlauch mit Hilfe einer Bildfolge und einer Gebrauchsanweisung flicken können.
- ihre Kenntnisse über die für die Verkehrssicherheit notwendige Ausstattung des Fahrrades vertiefen und festigen.
- die Funktion von Speichenreflektoren handelnd erfahren.
- die Schutzfunktion des Fahrradhelms im Experiment handelnd erfahren.
- sich der Vor- und Nachteile der Verkehrsmittel Fahrrad und Auto bewusst werden und diese in der Kleingruppe diskutieren.
- ihre Kenntnisse von Verkehrszeichen und Vorfahrtsregeln vertiefen und durch spielerisches Üben festigen.
- in Hinblick auf die geplante Werkstattarbeit schrittweise an offene Unterrichtsformen herangeführt werden.
- miteinander sprechen, handeln und sich gegenseitig helfen (grundlegende Verhaltensweisen trainieren).

Medien/Materialien:
Laufzettel, Stifte, 3 Elektroquiz-Spiele (s. S. 15), 4 Elektroquiz-Auflagen, Arbeitsblätter, Stationskarten, defekte Fahrradschläuche, 1 Rolle Schlauchflicken, 1 große Haushaltsschere, Gummilösung, 3 Bögen Schmirgelpapier, 1 Eimer Wasser, 3 Luftpumpen, 2 Taschenlampen, diverse Katzenaugen, ein altes Fahrrad, gebrauchte Fahrradersatzteile, Verkehrszeichen-Spiele (s. S. 17), Mini-Helm (s. S. 15), gekochte Eier, 1 Plastikschüssel, Folienstifte

Spezielle Lernvoraussetzungen	Struktur der Sache	Begründung der Thematik und Zielsetzung
verhaltensauffällige Kinder bekommen jeweils eine konkrete Aufgabe mit Zeitrahmen zugewiesen	Die aktuelle Unfallstatistik weist alarmierende Zahlen auf. Alle 28 Stunden stirbt ein Kind im Straßenverkehr. Der Schwerpunkt der Risikogruppe liegt bei den 10- bis 15-jährigen Fahrradfahrern.	Die sichere Verkehrsteilnahme, das eigene Fahrrad und dessen selbstständige Wartung: - ermöglicht es Kindern, Primärerfahrungen zu sammeln; - wirkt der „Verinselung" kindlicher Lebenswelten entgegen; - fördert die Selbstständigkeit und Mobilität der Kinder.

Spezielle Lernvoraussetzungen	Struktur der Sache	Begründung der Thematik und Zielsetzung
offene Unterrichtsformen müssen vorher nicht unbedingt bekannt sein Vorwissen zum verkehrssicheren Fahrrad und zu Verkehrszeichen sollte vorhanden sein Berichte von Unfallerlebnissen der Schülerinnen und Schüler bieten sich als Einstieg in das Thema an Von Vorteil: Kinder sind mit Gruppenarbeit vertraut positives Sozialverhalten der Schülerinnen und Schüler erleichtert das Stationslernen	Ursachen: Das Fahrradfahren im Straßenverkehr erfordert komplexe Sinnesleistungen, die koordiniert werden müssen. „Radfahren ist kein Kinderspiel!", sondern ein vielschichtiger Vorgang. Die Verkehrserziehung als obligatorischer Bestandteil des Grundschulunterrichts beinhaltet die vier Bereiche: 1. Sicherheitserziehung (Verkehrszeichen, Vorfahrtsregeln, verkehrssicheres Fahrrad, Helm, ...) 2. Sozialerziehung (Partnerschaft, Rücksichtnahme, ...) 3. Umwelterziehung (Vor- und Nachteile verschiedener Verkehrsmittel, ...) 4. Gesundheitserziehung (... s. o., praktische Übungen) Auseinandersetzung mit neuen radfahrspezifischen Gesichtspunkten, vor allem durch selbstständiges Handeln („Eier-Test", Versuch mit Katzenaugen, Flicken eines Fahrradschlauches) Vertiefung wichtiger Teilaspekte (verkehrssicheres Fahrrad, Verkehrszeichen-Domino, Elektro-Quiz) Einbringen unterschiedlicher Arbeitstechniken (Basteln, Experimentieren, Überprüfen, Umgang mit Material und Werkzeug, Schreiben, Lesen, Spielen)	Fächerübergreifendes Arbeiten wird auf sinnvolle Weise ermöglicht: - Im Sportunterricht kann das Konzept „Vom Durcheinander zum Miteinander" (Könemann, Werner: Vom Durcheinanderlaufen zum Miteinanderfahren, Münster 2000) umgesetzt werden. - Im Sprachunterricht kann der Vorgang des Schlauchflickens in Form einer Reparaturanleitung im Anschluss an die Arbeit an der Lernstraße verschriftlicht werden. - Im Musikunterricht können verschiedene Lieder eingeübt werden. - Im Kunstunterricht können Fahrradfelgen als Webrahmen zur Herstellung von „Kunsträdern" verwendet werden. - Im Mathematikunterricht können geometrische Formen wiederholt werden (anhand der Verkehrszeichen). Anforderungen des Lehrplans Sachunterricht: „Fahrrad und Straßenverkehr" - Fahrräder auf ihre Verkehrssicherheit hin überprüfen; - einfache Wartungsarbeiten am Fahrrad selbst ausführen, Funktionsweisen feststellen (z. B. Beleuchtung); - sich im Straßenverkehr situationsgerecht und verantwortungsbewusst verhalten, dabei Vorfahrtsregeln und Verkehrszeichen beachten. **Didaktische Reduktion:** Die von den Kindern zu lernenden Verkehrszeichen sollten auf die relevanten Zeichen reduziert werden, d. h. auf die, die für Kinder im Alter von 10 Jahren von Bedeutung sind und die in der unmittelbaren Lebensumwelt der Schüler zu finden sind.

Daraus ergeben sich folgende methodische Entscheidungen und Begründungen:

- die Angebote der Lernstraße sind so gestaltet, dass alle vier Bereiche der Verkehrserziehung berücksichtigt werden
- qualitative und quantitative Differenzierung durch:
  - mögliche Hilfe durch Experten oder Partner im Team
  - Angebote, die sowohl die verschiedenen Eingangskanäle als auch die unterschiedlichen Darstellungsebenen (enaktiv, ikonisch, symbolisch) berücksichtigen
  - Berücksichtigung des individuellen Lerntempos und der individuellen Schülerinteressen durch frei wählbare Aufgaben
  - Selbstkontrollmöglichkeiten
  - unterschiedliche, z. T. frei wählbare Sozialformen
- da im Unterricht nicht alle Aspekte des Themas vertieft werden können, bietet die Lernstraße den Schülern die Möglichkeit, entsprechend ihrer Interessenschwerpunkte zu arbeiten und ihr Wissen zu vertiefen
- um den Lernentwicklungsstand der Schüler beurteilen zu können, kann ein Ablagefach eingerichtet werden, in dem die Schülerarbeiten vor dem Abheften zur Korrektur durch den Lehrer abgelegt werden
- die Zwischenreflexion ermöglicht die Klärung von Schwierigkeiten

Allgemeines zu Aufbau und Organisation des Stationslernens

Das für 5–10 Unterrichtsstunden geeignete Stationstraining enthält differenzierte Angebote zur Erarbeitung, Vertiefung und Festigung von vorhandenen Kenntnissen zum verkehrssicheren Verhalten, zu Verkehrszeichen und Vorfahrtsregeln als auch Angebote zum entdeckenden und handelnden Lernen.
Hier besteht für die Kinder die Gelegenheit, an ihren Interessenschwerpunkten zu arbeiten. Dabei bietet die Lernstraße nicht nur eine bloße Ansammlung von Arbeitsblättern, sondern vielfältige Handlungsmöglichkeiten und Erfahrungsräume im handelnden Umgang mit den Dingen an.
Es ist sinnvoll, den Einstieg in die Arbeit mit einer Einführungsstunde zu beginnen, in der zunächst zu beachtende Regeln für das Stationslernen gemeinsam mit den Schülern formuliert werden.
In der Reflexionsphase können Interessenschwerpunkte und Fragen der Weiterarbeit geklärt sowie Experten für einzelne Stationen festgelegt werden. Das Mitteilen von Arbeitsergebnissen sollte möglichst vermieden werden, um das Interesse derjenigen, die das Angebot des Stationstrainings noch nicht wahrgenommen haben, aufrecht zu erhalten.
Außerdem ist es ratsam, den Kindern einzelne Anfangs-Stationen zuzuweisen, um „Staus" zu vermeiden.
Die Arbeitsblätter sowie weitere schriftliche und gestalterische Arbeiten der Kinder können zu einem Buch zusammengebunden werden. Die Seite 10 dient als Deckblatt, das von den Kindern noch weiter ausgestaltet werden kann.
Das Arbeitsblatt „Bist du ein Verkehrsprofi?" kann auf unterschiedliche Arten eingesetzt werden: als Einstieg in das Thema, als Hausaufgabe, als Leistungskontrolle am Ende der Unterrichtseinheit, ...

Auf dem Weg zum Verkehrsprofi

Name: ________________

	Angebot	Experte	✔	Lehrer
1 ☺ bis ☺☺	Aus der Geschichte des Fahrrads			
2 ☺ bis ☺☺	Flicken eines Fahrrad-schlauchs			
3 ☺ bis ☺☺	Sicherheitscheck „Fahrrad"			
4 ☺ bis ☺☺	Was mein Fahrrad sicher macht			
5 ☺☺	Versuch mit Katzenaugen			
6 ☺☺ bis ☺☺☺☺	Eierversuch			
7 ☺	ϟ Elektro-Quiz ϟ ① Das verkehrssichere Fahrrad ② Verkehrszeichen ③ Das Linksabbiegen ④ Kennst du dich aus?		☐ ☐ ☐ ☐	
8 ☺☺ bis ☺☺☺☺	Verkehrs-Spiele		Mitspieler:	
9 ☺☺ bis ☺☺☺	Was kann hier gefährlich werden?			
10 ☺☺ bis ☺☺☺	Unterwegs sein – aber wie?			

Wenn du Ideen für weitere Aufgaben hast, kannst du sie auf der Rückseite aufschreiben.

Dieses Buch gehört:

Mit dem Fahrrad unterwegs im Straßenverkehr

Name: ______________________ Klasse: ______

Bist du ein Verkehrsprofi?

1. Wie nennt man diese Teile und wozu sind sie da?

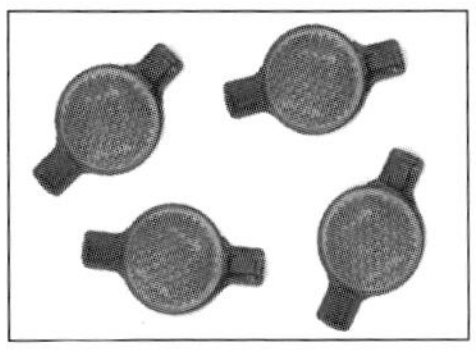

____

____

____

2. Nenne 3 weitere Teile, die für ein verkehrssicheres Fahrrad notwendig sind und schreibe auf, wozu sie da sind.

A ______________________

B ______________________

C ______________________

3. Was bedeuten diese Verkehrszeichen?

A ______________________

B ______________________

C ______________________

4. In welcher Reihenfolge dürfen sie fahren?

Zuerst: ______________________

Danach: ______________________

Zuletzt: ______________________

5. Wenn keine Verkehrszeichen die Vorfahrt regeln, gilt:

____

6. Du möchtest mit dem Fahrrad links abbiegen. In welcher Reihenfolge musst du was machen? Als Hilfe sind einige Zahlen vorgegeben. Trage die fehlenden Zahlen an der passenden Stelle ein!

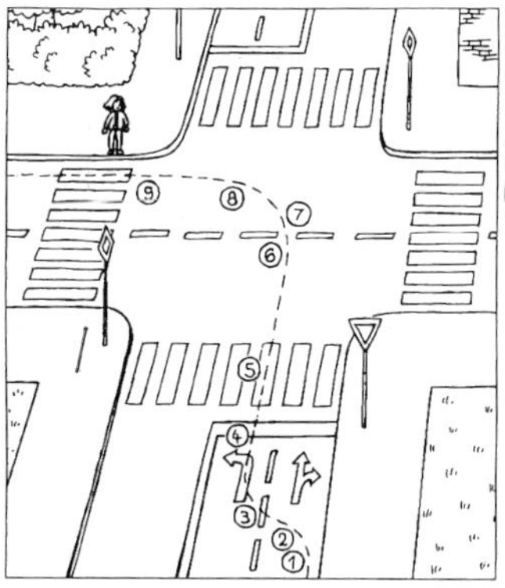

Handzeichen geben!
8 In einem großen Bogen abbiegen!
7 Nochmals umsehen!
3 Einordnen!
5 Vorfahrtsregeln beachten!
1 Umschauen!
Gegenverkehr vorbeilassen!
Fußgängern das Vorrecht lassen!
Fußgängern das Vorrecht lassen!

Didaktischer Kommentar

1. Aus der Geschichte des Fahrrads

Die Kinder sollen Kenntnisse über die Geschichte des Fahrrads gewinnen, indem sie Bildern historischer Fahrräder entsprechende Texte durch Ausschneiden und Aufkleben zuordnen. Die Fähigkeiten der Kinder im sinnentnehmenden Lesen werden geschult.

Sozialform:
Einzel- oder Partnerarbeit

Medien:
Arbeitsblatt, Ausschneidebogen, Schere, Klebestift, grüner und roter Buntstift, Lösungen 1 und 2

Tipps:

- Material und Vorbereitung:
  Vor Beginn der Arbeit an diesem Lernangebot muss den Kindern ggf. im Gepräch und unter Zuhilfenahme von Beispielen vermittelt werden, was die Erwachsenen unter „Bauweise" und „Antrieb" eines Fahrrades verstehen. Im Vorfeld der Einheit muss das Lösungsblatt 2 kopiert und die der Aufgabe entsprechenden Sätze rot bzw. grün unterstrichen werden.

- Durchführung:
  Bevor die Kinder die Texte unter die passenden Bilder kleben, kontrollieren sie ihre Lösung mit Hilfe des Lösungskontrollblattes 1, denn ein späteres Korrigieren ist nach dem Festkleben nicht mehr möglich. Anschließend unterstreichen die Kinder die Sätze zur Bauweise rot und diejenigen zur Antriebsweise grün. Ggf. sollten die Schüler darauf hingewiesen werden, die Sätze nur dünn zu unterstreichen – auf diese Weise sind spätere Verbesserungen möglich. Eine nochmalige Kontrolle, diesmal mit Hilfe des Lösungskontrollblattes 2, ist erforderlich. Um auch leseschwachen Schülern die Bearbeitung des Angebotes zu ermöglichen, können sich die betroffenen Kinder die Texte von ihrem Partner vorlesen lassen.

2. Flicken eines Fahrradschlauchs

Die Kinder sollen in die Lage versetzt werden, einfache Reparaturarbeiten am Fahrrad selbst vorzunehmen, indem sie einen Fahrradschlauch mit Hilfe einer Bildfolge oder einer Reparaturanleitung selbstständig flicken.

Sozialform:
Einzel- oder Partnerarbeit

Medien:
Fahrradschläuche mit Löchern, aber intaktem Ventil, Luftpumpen, Schmirgelpapier, Gummilösung, Schlauchflicken, Folienstift, Schüssel mit Wasser, Reparaturanleitungen

Tipps:

- Material und Vorbereitung:
  Es empfiehlt sich, zur Unterstützung des Ernstcharakters der Handlung einen ortsansässigen Fahrradhändler nach reparaturbedürftigen Schläuchen zu fragen. Bringt man die Schläuche repariert zurück, können sie vom Fahrradhändler wieder verwendet werden. In der Regel ist der Fahrradhändler dann auch bereit, die Reparaturen durch die Kinder fachmännisch zu beurteilen oder während eines Besuches an der Schule weitere Tipps zur Fahrradreparatur und Instandsetzung, insbesondere in Hinblick auf die Verkehrssicherheit des Fahrrads, zu geben.
  Schlauchflicken sind am preiswertesten, wenn man sie auf einer Rolle kauft. Gummilösung ist in größeren Verpackungseinheiten ebenfalls deutlich günstiger. Die Flicken sollten vorher von der Lehrkraft zugeschnitten werden, um den Verschnitt zu minimieren. Luftpumpen können von den Schülern mitgebracht werden. Der Bereich um den Wasserbehälter sollte mit Zeitungspapier, bei Räumen, die mit Teppichen ausgestattet sind, mit Folie vor Durchnässung geschützt werden.

- Durchführung:
  Einige Kinder benötigen Unterstützung durch Experten, Partner im Team oder durch die Lehrkraft. Die Zwischenreflexionen während der Arbeit an den Lernangeboten ermöglichen die notwendige Klärung von Schwierigkeiten und die Weitergabe von Tipps. Unbedingt muss die Gummilösung bzw. Vulkanisierflüssigkeit erst etwas antrocknen, je nach Gummilösung bis zu 10 Minuten. In dieser Zeit können die Kinder anderen helfen oder weitere Lernangebote bearbeiten (was sie sonst aufgrund der Regel: „Angefangene Arbeiten immer erst beenden" nicht dürfen).

3. Sicherheitscheck „Fahrrad"

Die Kinder sollen mit Hilfe einer Checkliste das vorhandene Fahrrad auf seine Verkehrssicherheit hin überprüfen sowie Wortkarten zu Teilen des Fahrrads ausschneiden und hinsichtlich ihrer sicherheitstechnischen Funktion in einer Tabelle einordnen, um ihre Kenntnisse zum verkehrssicheren Fahrrad zu vertiefen und zu festigen.

Sozialform:
Einzel- oder Partnerarbeit

Medien:
Fahrrad, Checkliste, Stift, Lösung

Tipps:

- Material und Vorbereitung:
  Die Kinder können sowohl ein von der Lehrperson zur Verfügung gestelltes Rad, ihre eigenen mitgebrachten Fahrräder als auch die ihrer Mitschüler oder die der Lehrer auf ihre Verkehrssicherheit hin überprüfen.

- Durchführung:
  Die Kinder werden bei diesem Lernangebot bewusst zur Arbeit im Team erzogen, denn die Überprüfung der Bremsfunktionen oder der Leuchtanlage eines Fahrrads gestaltet sich als äußerst schwierig, wenn man es ohne fremde Hilfe versucht.
  Ist den Kindern die Notwendigkeit eines verkehrssicheren Fahrrads bewusst geworden, ist es im Interesse einer selbstständigen Kontrolle nicht sinnvoll, die Richtigkeit des Sicherheitschecks von Seiten der Lehrperson zu überprüfen.

4. Was mein Fahrrad sicher macht

Die Kinder sollen Wortkarten zu Teilen des Fahrrads ausschneiden und hinsichtlich ihrer sicherheitstechnischen Funktion in einer Tabelle einordnen, um ihre Kenntnisse zum verkehrssicheren Fahrrad und der Funktion der Einzelteile zu vertiefen und zu festigen.

Sozialform:
Einzel- oder Partnerarbeit

Medien:
Arbeitsblatt, Ausschneidebogen, Stift, Lösung

Tipps:

- Material und Vorbereitung:
  Es ist wichtig, die Kinder im Vorfeld darauf hinzuweisen, die ausgeschnittenen Wortkarten zunächst nur auf die Tabelle des Arbeitsblattes zu legen und erst nach dem Vergleich mit dem Lösungskontrollblatt aufzukleben.
- Durchführung:
  Eine Hilfe bei der Bewältigung der Aufgabe kann ein im Klassenraum aufgehängtes Poster von einem verkehrssicher ausgerüsteten Fahrrad bieten.
  Da es bei der Einordnung der Wortkarten in die Tabelle zu lebhaften Diskussionen über Sinn und Zweck verschiedener Fahrradteile kommen kann, ist es sinnvoll, als vorgeschriebene Sozialform die Partnerarbeit zu wählen.

5. Versuch mit Katzenaugen

Die Kinder sollen in Partnerarbeit mit Hilfe eines Experiments die Funktionsweise von Katzenaugen (Speichenreflektoren) handelnd erfahren. In einem abgedunkelten Raum versteckt ein Kind verschmutzte und saubere Katzenaugen, die von dem anderen Kind mit Hilfe einer Taschenlampe gesucht werden müssen.

Sozialform:
Partnerarbeit

Medien:
Katzenaugen, Eimer mit Schlamm, Taschenlampe, Stift, Versuchsanleitung

Tipps:

- Material und Vorbereitung:
  Der Versuchsraum sollte im Vorfeld abgedunkelt werden.
- Durchführung:
  Statt in Schlamm können die nassen Katzenaugen auch in Sand getaucht werden.

6. Eierversuch

Das Ziel der Durchführung des Experiments ist die Einsicht der Kinder, dass das Tragen eines Helms beim Radfahren notwendig ist. Dabei verlangt der Modellversuch von den Schülern eine Transferleistung – die Übertragung der im Versuch gewonnen Erkenntnisse auf die Wirklichkeit.

Sozialform:
2–4 Kinder

Medien:
Mini-Helm, gekochte Eier, Schüssel, Stift, Versuchsanleitung, Salz

Tipps:

- Material und Vorbereitung:
  Der für den Versuch notwendige Eierhelm muss im Vorfeld der Einheit bestellt werden.
  Bestell-Adresse: Verlag Heinrich Vogel, Neumarkter Str. 18, 81664 München
- Durchführung:
  Es sollten auf jeden Fall gekochte Eier verwendet werden, um einen verantwortungsvollen Umgang mit Nahrungsmitteln zu vermitteln. Die gekochten Eier können nach dem Aufplatzen der Schale von den Kindern gegessen werden. Die Anzahl der bereitzustellenden Eier reduziert sich durch die vorgegebene Team-Arbeit.

7. Elektroquiz

Dieses Angebot dient auf eine motivierende und spielerische Art der Wiederholung und Übung der Lerninhalte der Unterrichtsreihe, darüber hinaus bietet es den Kindern die Möglichkeit, das von ihnen Erlernte selbstständig – ohne Fremdkontrolle – zu überprüfen.

Sozialform:
Einzelarbeit

Medien:
Elektroquiz und verschiedene Auflagen

Tipps:

- Material und Vorbereitung:
  Das Elektroquiz und passende Auflagen können Sie selbst herstellen. Zunächst müssen die Kopiervorlagen laminiert werden. Dann müssen an allen mit einem Punkt gekennzeichneten Stellen Musterbeutelklammern von vorne durch die laminierte Elektroquizauflage gesteckt werden. Das Anritzen der entsprechenden Stellen mit einem handelsüblichen Bastelmesser erleichtert das Einstecken der Musterbeutelklammern. Anschließend müssen auf der Rückseite der Elektroquizauflage alle „richtigen" Antworten mit einem Klingeldraht mit der Frage verbunden werden. Zur Erhöhung der Kontaktsicherheit können die Verbindungsstellen von Musterbeutelklammern und Klingeldraht gelötet werden.
  Das Elektroquiz selbst besteht aus einer kleinen Sperrholzplatte (ca. 250 x 250 mm),

auf der eine Flachbatterie mit einem Stück Klettband (Vorteile bei Batteriewechsel) oder doppelseitigem Klebeband befestigt wird. Eine der Batteriezungen muss über einen Klingeldraht mit der Fassung einer kleinen Glühlampe (Fahrradlämpchen) verbunden werden. Die Fassungen der Glühlämpchen lassen sich mit kleinen Holzschrauben auf der Holzplatte befestigen. Ein zweiter Klingeldraht wird mit der anderen Batteriezunge verbunden und bleibt offen. Ein dritter Klingeldraht wird mit der Fassung der Glühlampe verbunden, während das andere Ende offen bleibt.
Werden nun die beiden offenen Kabelenden miteinander verbunden, fließt Strom und die Glühlampe beginnt zu leuchten.
Bei Verwendung der Auflagen fließt nur dann Strom, wenn die passenden Antworten, Begriffe oder Bilder miteinander verbunden werden, indem die Kinder die offenen Enden des Klingeldrahtes an die entsprechenden Musterbeutelklammern der Auflagen halten.

- Durchführung:
  Das motivierende Übungsmaterial soll die Kinder auch dazu anregen, selbst Auflagen für das Verkehrselektroquiz herzustellen. Die Funktionsweise ist bei näherer Betrachtung der Rückseite der Elektroquizauflagen nachvollziehbar. Die Herstellung eines Elektroquiz mit den Kindern im Anschluss an diese Unterrichtsreihe bietet sich an; auch um im Rahmen einer solchen Unterrichtsreihe zum Thema Elektrizität eine Antwort auf die eventuelle Frage nach der Funktionsweise eines Dynamos anbieten zu können.

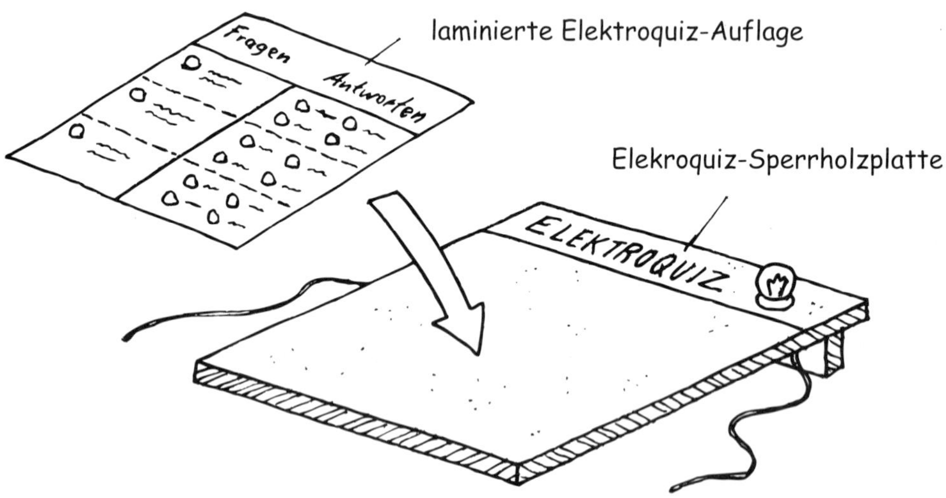

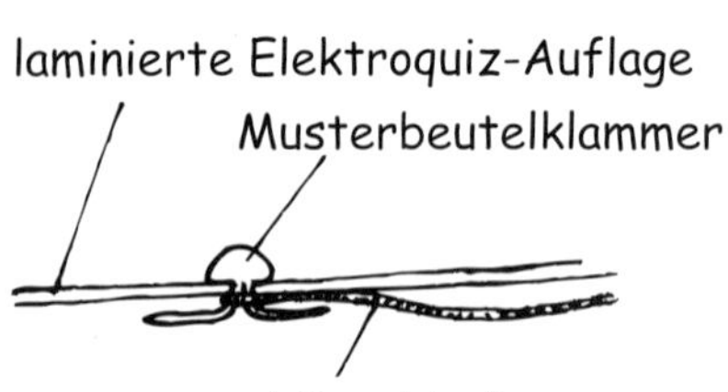

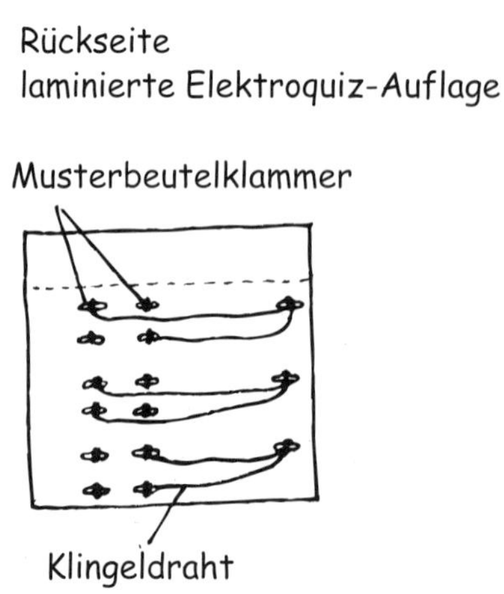

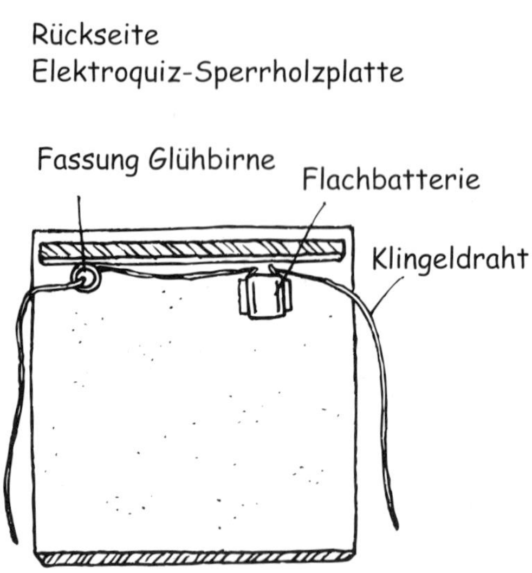

8. Verkehrs-Spiele

Im Spiel lernen die Kinder die für ihre Sicherheit wichtigen Verkehrszeichen kennen und trainieren im Hinblick auf ihr zukünftiges Verhalten im Straßenverkehr kooperatives Sozialverhalten. Die Kinder können die Spiele nach eigenen Regeln oder nach vorgegebenen Regeln spielen.

Sozialform:
2-4 Kinder

Medien:
Fahrrad-Memory, Verkehrszeichen-Memory, Verkehrszeichen-Domino 1 und 2, Plakate mit aufgeklebten Spielen als Lösungskontrolle, Sanduhr

Tipps:

- Material und Vorbereitung:
  Es erhöht die Motivation der Kinder, wenn das Spiel gemeinsam im Unterricht hergestellt wird. Hierzu wird die Kopiervorlage auf Karton geklebt, ggf. laminiert oder mit selbstklebender (möglichst matter, nicht reflektierender) Bucheinschlagfolie haltbarer gemacht.
  Es empfiehlt sich, die Karten der Memory-Spiele jeweils auf unterschiedlich farbige Blätter zu kopieren. Auf diese Weise wird vermieden, dass die Kinder in einem Spielzug entweder 2 Symbol- bzw. 2 Wortkarten ziehen und das Spiel auf diese Weise unnötig verlängert und erschwert wird.
  Die Kopiervorlagen für die Domino-Spiele sollten pro Spiel 3x kopiert werden, um den Schülern ein angemessenes Spielniveau zu bieten.

- Durchführung:
  Es ist ratsam, zur zeitlichen Begrenzung der Spielphasen eine Sanduhr bereitzustellen. Diese kann aus zwei gleichen Flaschen oder Gläsern leicht selbst hergestellt werden, indem die Flaschenverschlüsse mit einem „power-strip" oder doppelseitigem Teppichklebeband miteinander verbunden werden. In die Mitte der zusammengeklebten Flaschen- bzw. Glasdeckel wird mit der Bohrmaschine ein Loch gebohrt. Je nach gewünschter Zeit wird die passende Menge feinen Sandes in eine der Flaschen gefüllt. Die Verwendung farbigen Sandes (erhältlich in Bastelgeschäften) steigert den optischen Wert.

9. Was kann hier gefährlich werden?

Die Kinder sollen sich der Gefahren des Straßenverkehrs durch eine intensive Auseinandersetzung mit Bildern von besonders vertrauten Verkehrssituationen bewusst werden. Darüber hinaus sind die Kinder dazu aufgefordert, alternative Handlungsstrategien zu entwickeln, um die auf den Bildern dargestellte Gefahr zu vermeiden oder abzuwenden.

Sozialform:
2-3 Kinder

Medien:
Arbeitsblatt, Stift, Bildkarten 1-8

Tipps:

- Material und Vorbereitung:
  Um die Haltbarkeit zu verlängern, sollten die Bildkarten 1–8 auf festen Karton geklebt und laminiert werden.

- Durchführung:
  Um den Kindern die Bewältigung der Aufgabenstellung zu erleichtern, kann eine der Bildkarten zum Gegenstand einer Zwischenreflexion gemacht werden.

10. Unterwegs sein, aber wie?

Die Kinder sollen einem illustrierten Text selbstständig Informationen zu Vor- und Nachteilen verschiedener Verkehrsmittel entnehmen. Die Partner- bzw. Gruppenarbeit ermöglicht auch leseschwachen Kindern einen Zugang zur Geschichte, indem ein Mitglied der Gruppe den Text vorliest.
Die von den Kindern zu lesende Geschichte dient dazu, die Diskussion über Vor- und Nachteile der verschiedenen Verkehrsmittel anzuregen und den ökologischen und gesundheitlichen Wert des Fahrradfahrens zu erkennen. Die Ergebnisse der Diskussion können im Hinblick auf eine Abschlussreflexion notiert werden, um sie den anderen vorzustellen.

Sozialform:
2–3 Kinder

Medien:
Arbeitsblatt, Stift, Lösungskontrollblatt

Tipps:

- Material und Vorbereitung:
  Beim Kopieren des Arbeitsblattes sollte aus Gründen des Umweltschutzes darauf geachtet werden, dass der Lesetext auf die Vorderseite und die zu bearbeitende Tabelle auf die zugehörige Rückseite kopiert wird.

- Durchführung:
  Rituale und Regeln der Arbeit im Team sollten den Kindern bekannt sein. Zu Beginn der Arbeitsphase sollte ein Sprecher in jeder Gruppe festgelegt werden, der in der Reflexionsphase dem Klassenverband die Ergebnisse der Gruppendiskussion vorstellt. Die Gruppen sollten von Anfang an darauf achten, ihre Diskussionsergebnisse schriftlich festzuhalten.

1 Aus der Geschichte des Fahrrads

☺ bis ☺☺

Deine Aufgabe:

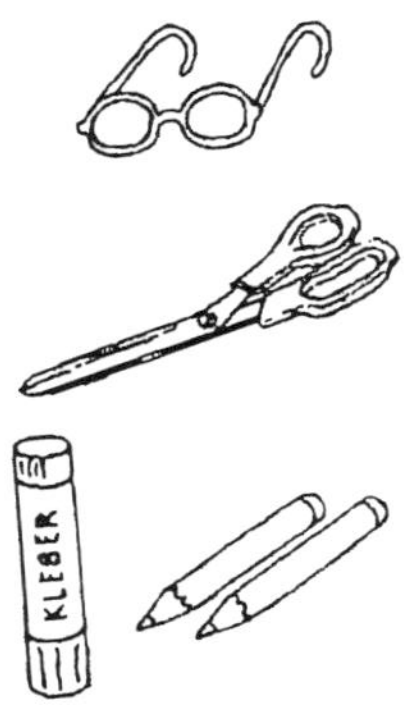

1. Lies den Text.
2. Schneide die Karten aus und lege sie an die passende Stelle.
3. Vergleiche mit Lösung 1.
4. Klebe die Karten auf und unterstreiche die Sätze zur Bauweise der Fahrräder rot und zur Antriebsweise grün.
5. Vergleiche mit Lösung 2.

Für diese Aufgabe benötigst du:

● Buntstifte ● Kleber ● Schere ● AB ● Ausschneidebogen ● Lösungen

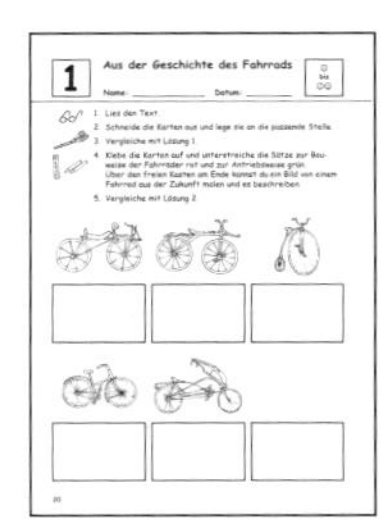

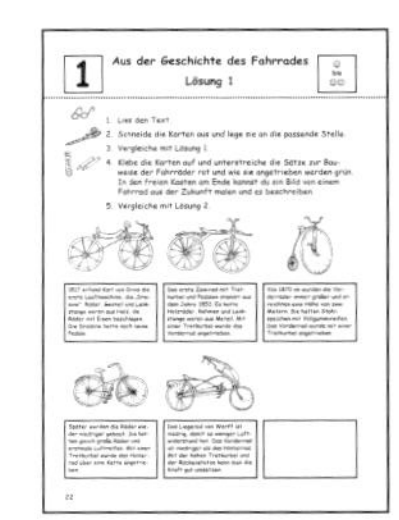

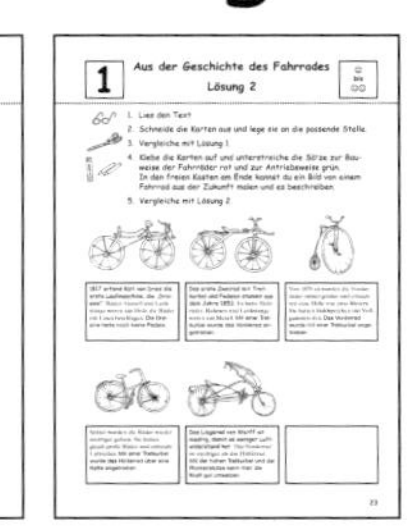

1 Aus der Geschichte des Fahrrads

☺ bis ☺☺

Name: ________________ **Datum:** __________

1. Lies den Text.

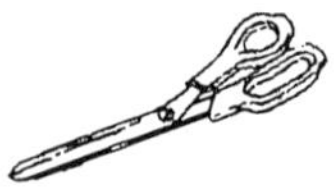

2. Schneide die Karten aus und lege sie an die passende Stelle.
3. Vergleiche mit Lösung 1.

4. Klebe die Karten auf und unterstreiche die Sätze zur Bauweise der Fahrräder rot und zur Antriebsweise grün.
   Über den freien Kasten am Ende kannst du ein Bild von einem Fahrrad aus der Zukunft malen und es beschreiben.
5. Vergleiche mit Lösung 2.

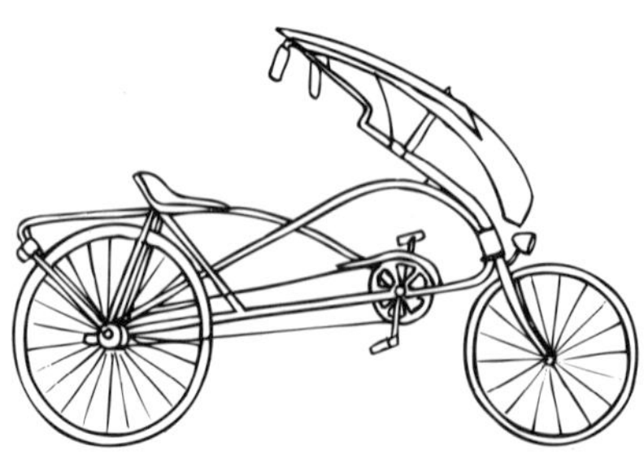

1

Aus der Geschichte des Fahrrads
Ausschneidebogen

☺

1817 erfand Karl von Drais die erste Laufmaschine, die „Draisine". Räder, Gestell und Lenkstange waren aus Holz, die Räder mit Eisen beschlagen. Die Draisine hatte noch keine Pedale.	Das erste Zweirad mit Tretkurbel und Pedalen stammt aus dem Jahre 1853. Es hatte Holzräder, Rahmen und Lenkstange waren aus Metall. Mit einer Tretkurbel wurde das Vorderrad angetrieben.	Von 1870 an wurden die Vorderräder immer größer und erreichten eine Höhe von zwei Metern. Sie hatten Stahlspeichen mit Vollgummireifen. Das Vorderrad wurde mit einer Tretkurbel angetrieben.
Später wurden die Räder wieder niedriger gebaut. Sie hatten gleich große Räder und erstmals Luftreifen. Mit einer Tretkurbel wurde das Hinterrad über eine Kette angetrieben.	Das Liegerad von Werff ist niedrig, damit es weniger Luftwiderstand hat. Das Vorderrad ist niedriger als das Hinterrad. Mit der hohen Tretkurbel und der Rückenstütze kann man die Kraft gut umsetzen.	

1

Aus der Geschichte des Fahrrads
Ausschneidebogen

☺

1817 erfand Karl von Drais die erste Laufmaschine, die „Draisine". Räder, Gestell und Lenkstange waren aus Holz, die Räder mit Eisen beschlagen. Die Draisine hatte noch keine Pedale.	Das erste Zweirad mit Tretkurbel und Pedalen stammt aus dem Jahre 1853. Es hatte Holzräder, Rahmen und Lenkstange waren aus Metall. Mit einer Tretkurbel wurde das Vorderrad angetrieben.	Von 1870 an wurden die Vorderräder immer größer und erreichten eine Höhe von zwei Metern. Sie hatten Stahlspeichen mit Vollgummireifen. Das Vorderrad wurde mit einer Tretkurbel angetrieben.
Später wurden die Räder wieder niedriger gebaut. Sie hatten gleich große Räder und erstmals Luftreifen. Mit einer Tretkurbel wurde das Hinterrad über eine Kette angetrieben.	Das Liegerad von Werff ist niedrig, damit es weniger Luftwiderstand hat. Das Vorderrad ist niedriger als das Hinterrad. Mit der hohen Tretkurbel und der Rückenstütze kann man die Kraft gut umsetzen.	

1 Aus der Geschichte des Fahrrads

Lösung 1

☺ bis ☺☺

1. Lies den Text.

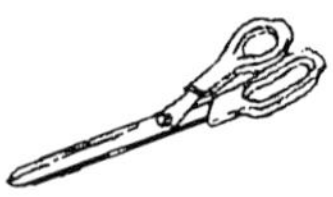

2. Schneide die Karten aus und lege sie an die passende Stelle.
3. Vergleiche mit Lösung 1.

4. Klebe die Karten auf und unterstreiche die Sätze zur Bauweise der Fahrräder rot und zur Antriebsweise grün. Über den freien Kasten am Ende kannst du ein Bild von einem Fahrrad aus der Zukunft malen und es beschreiben.
5. Vergleiche mit Lösung 2.

1817 erfand Karl von Drais die erste Laufmaschine, die „Draisine". Räder, Gestell und Lenkstange waren aus Holz, die Räder mit Eisen beschlagen. Die Draisine hatte noch keine Pedale.

Das erste Zweirad mit Tretkurbel und Pedalen stammt aus dem Jahre 1853. Es hatte Holzräder, Rahmen und Lenkstange waren aus Metall. Mit einer Tretkurbel wurde das Vorderrad angetrieben.

Von 1870 an wurden die Vorderräder immer größer und erreichten eine Höhe von zwei Metern. Sie hatten Stahlspeichen mit Vollgummireifen. Das Vorderrad wurde mit einer Tretkurbel angetrieben.

Später wurden die Räder wieder niedriger gebaut. Sie hatten gleich große Räder und erstmals Luftreifen. Mit einer Tretkurbel wurde das Hinterrad über eine Kette angetrieben.

Das Liegerad von Werff ist niedrig, damit es weniger Luftwiderstand hat. Das Vorderrad ist niedriger als das Hinterrad. Mit der hohen Tretkurbel und der Rückenstütze kann man die Kraft gut umsetzen.

1 Aus der Geschichte des Fahrrads
Lösung 2

☺ bis ☺☺

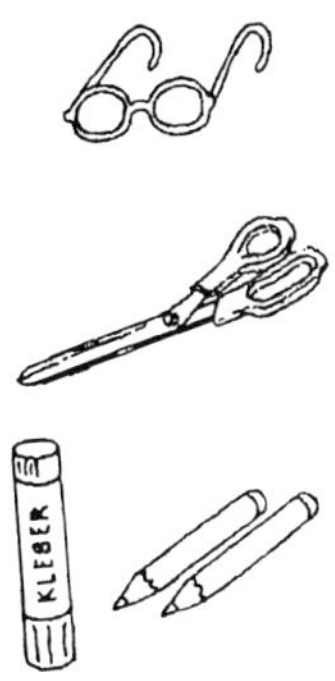

1. Lies den Text.
2. Schneide die Karten aus und lege sie an die passende Stelle.
3. Vergleiche mit Lösung 1.
4. Klebe die Karten auf und unterstreiche die Sätze zur Bauweise der Fahrräder rot und zur Antriebsweise grün.
   Über den freien Kasten am Ende kannst du ein Bild von einem Fahrrad aus der Zukunft malen und es beschreiben.
5. Vergleiche mit Lösung 2.

1817 erfand Karl von Drais die erste Laufmaschine, die „Draisine". Räder, Gestell und Lenkstange waren aus Holz, die Räder mit Eisen beschlagen. Die Draisine hatte noch keine Pedale.

Das erste Zweirad mit Tretkurbel und Pedalen stammt aus dem Jahre 1853. Es hatte Holzräder, Rahmen und Lenkstange waren aus Metall. Mit einer Tretkurbel wurde das Vorderrad angetrieben.

Von 1870 an wurden die Vorderräder immer größer und erreichten eine Höhe von zwei Metern. Sie hatten Stahlspeichen mit Vollgummireifen. Das Vorderrad wurde mit einer Tretkurbel angetrieben.

Später wurden die Räder wieder niedriger gebaut. Sie hatten gleich große Räder und erstmals Luftreifen. Mit einer Tretkurbel wurde das Hinterrad über eine Kette angetrieben.

Das Liegerad von Werff ist niedrig, damit es weniger Luftwiderstand hat. Das Vorderrad ist niedriger als das Hinterrad. Mit der hohen Tretkurbel und der Rückenstütze kann man die Kraft gut umsetzen.

2 Flicken eines Fahrradschlauchs

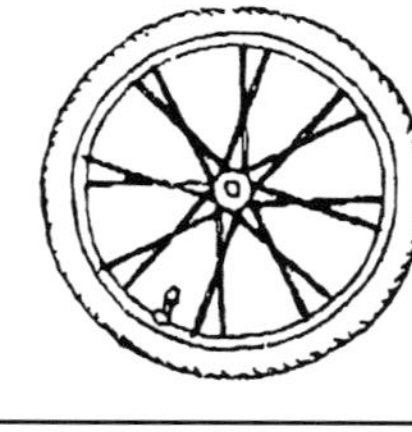

☺ bis ☺☺

Deine Aufgabe:

1. Schreibe mit einem Folienstift deinen Namen auf den Fahrradschlauch, den du flicken willst!
2. Flicke mit Hilfe der Reparaturanleitung den Schlauch!

Für diese Aufgabe benötigst du:

- Folienstift

- Fahrradschlauch

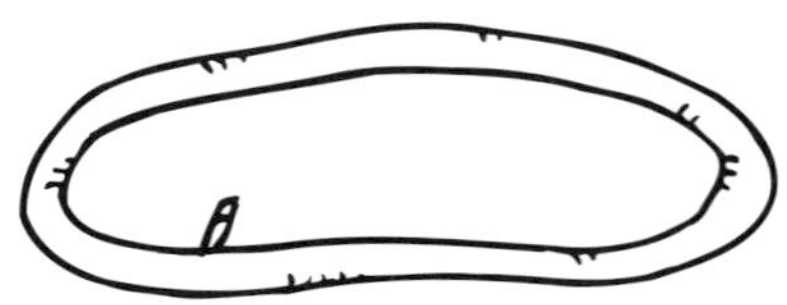

- Luftpumpe

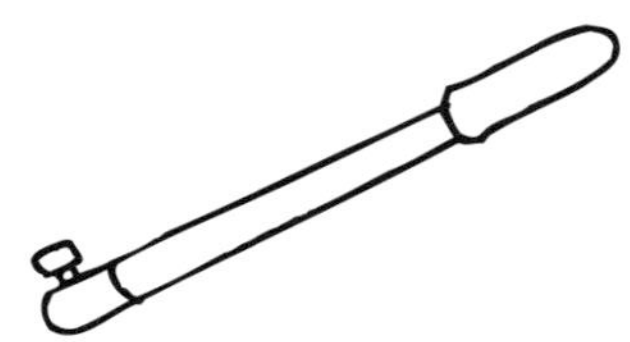

- Reparaturanleitung

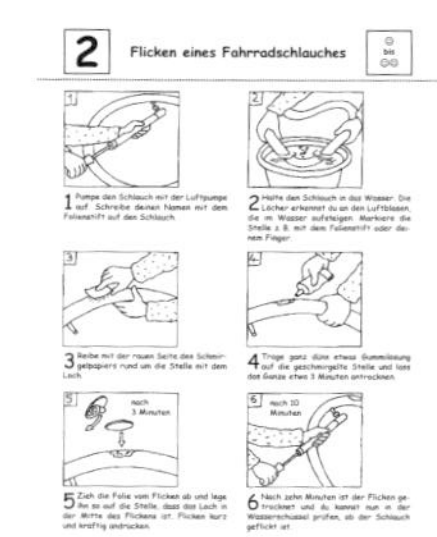

- Wasserschüssel

- Schlauchflicken

- Gummilösung

- Schmirgelpapier

2 Flicken eines Fahrradschlauches

☺ bis ☺☺

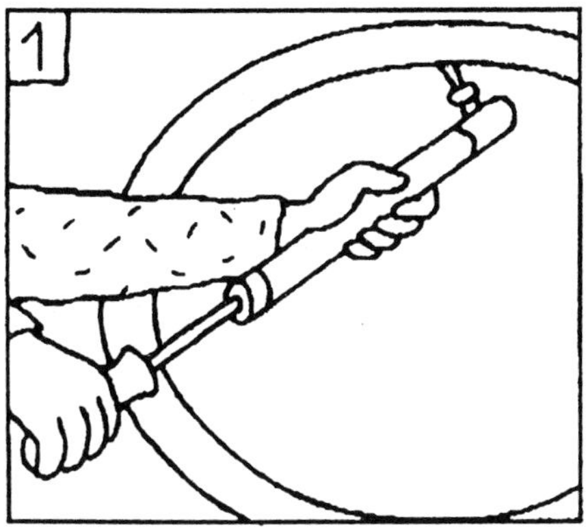

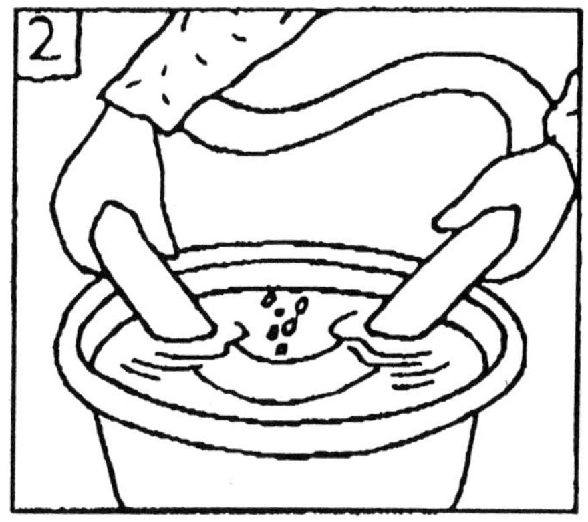

1 Pumpe den Schlauch mit der Luftpumpe auf. Schreibe deinen Namen mit dem Folienstift auf den Schlauch.

2 Halte den Schlauch in das Wasser. Die Löcher erkennst du an den Luftblasen, die im Wasser aufsteigen. Markiere die Stelle z. B. mit dem Folienstift oder deinem Finger.

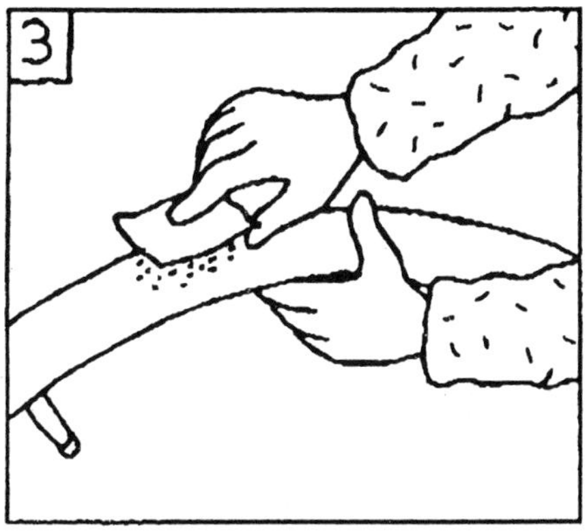

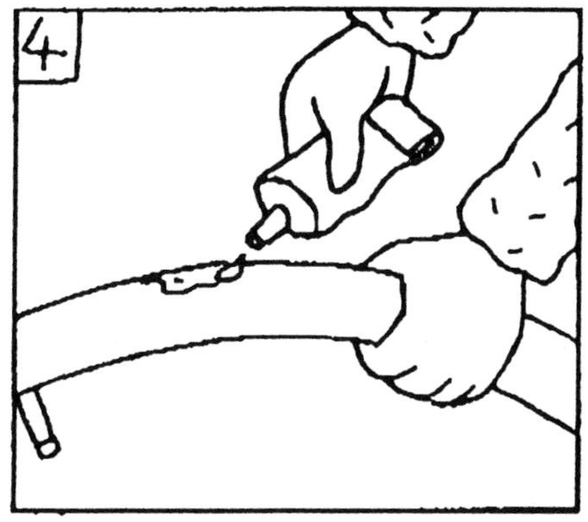

3 Reibe mit der rauen Seite des Schmirgelpapiers rund um die Stelle mit dem Loch.

4 Trage ganz dünn etwas Gummilösung auf die geschmirgelte Stelle und lass das Ganze etwa 3 Minuten antrocknen.

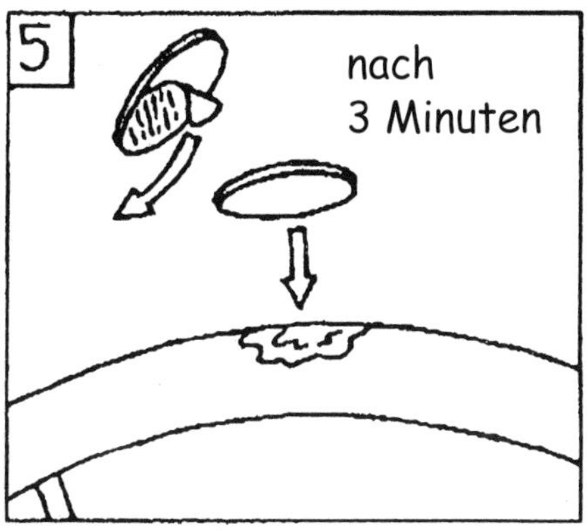

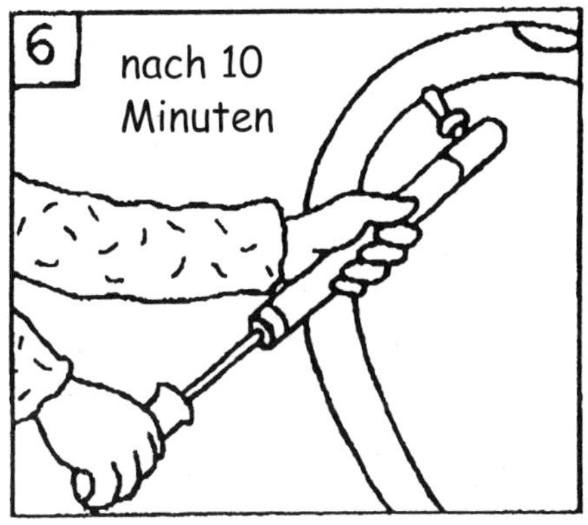

5 Zieh die Folie vom Flicken ab und lege ihn so auf die Stelle, dass das Loch in der Mitte des Flickens ist. Flicken kurz und kräftig andrücken.

6 Nach zehn Minuten ist der Flicken getrocknet und du kannst nun in der Wasserschüssel prüfen, ob der Schlauch geflickt ist.

3	Sicherheitscheck „Fahrrad"	☺ bis ☺☺

Deine Aufgabe:

Prüfe das Fahrrad auf seine Verkehrssicherheit.
Nimm dir eine Checkliste und kreuze an.

Für diese Aufgabe benötigst du:

- Stift
- Checkliste
- Fahrrad

3

Sicherheitscheck „Fahrrad"

☺ bis ☺☺

Name: ______________ **Datum:** __________

Checkliste

Prüfe das Fahrrad auf seine Verkehrssicherheit

Kreuze an. 

		funktioniert	ist defekt oder fehlt
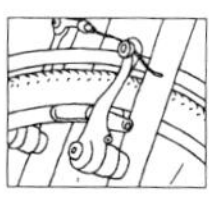	Hinterradbremse:	☐	☐
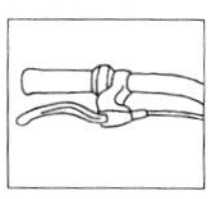	Vorderradbremse:	☐	☐
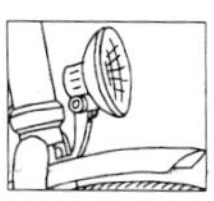	Scheinwerfer:	☐	☐
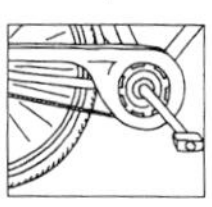	Kettenschutz:	☐	☐
	Katzenaugen:	☐	☐
	Klingel:	☐	☐
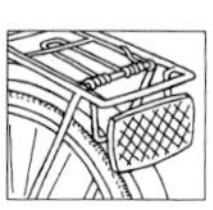	Großflächenrückstrahler:	☐	☐
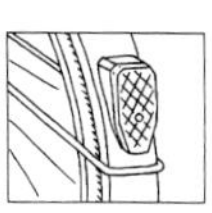	Rücklicht:	☐	☐
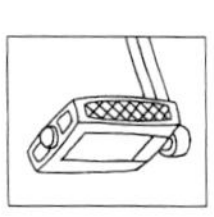	Pedalrückstrahler:	☐	☐

Fahrrad ist verkehrssicher: ja ☐

nein ☐

4

Was mein Fahrrad sicher macht

Schutzblech | Vorderradbremse | Rücklicht
Hinterradbremse | Katzenaugen
Frontreflektor | Scheinwerfer | Kettenschutz

☺ bis ☺☺

Deine Aufgabe:

1. Lies die Wörter.
2. Schneide die Karten aus und lege sie an die passende Stelle.
3. Vergleiche mit der Lösung.
4. Klebe die Karten auf.

Für diese Aufgabe benötigst du:

● Kleber ● Schere ● AB ● Ausschneidebogen ● Lösung

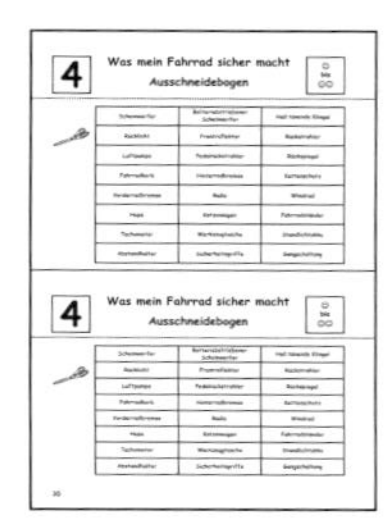
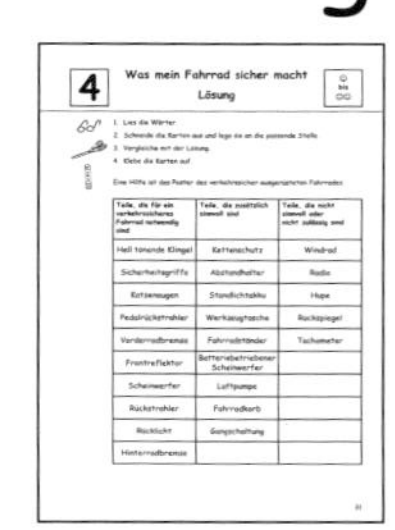

4

Was mein Fahrrad sicher macht

☺ bis ☺☺

Name: ________________ **Datum:** __________

1. Lies die Wörter.

2. Schneide die Karten aus und lege sie an die passende Stelle.
3. Vergleiche mit der Lösung.

4. Klebe die Karten auf.

Teile, die für ein verkehrssicheres Fahrrad notwendig sind	**Teile, die zusätzlich sinnvoll sind**	**Teile, die nicht sinnvoll oder nicht zulässig sind**
Hell tönende Klingel ...	Kettenschutz ...	Windrad ...

4

Was mein Fahrrad sicher macht

Ausschneidebogen

☺ bis ☺☺

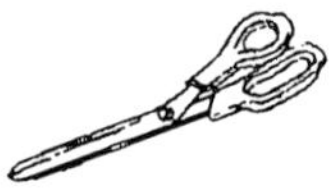

Scheinwerfer	Batteriebetriebener Scheinwerfer	Hell tönende Klingel
Rücklicht	Frontreflektor	Rückstrahler
Luftpumpe	Pedalrückstrahler	Rückspiegel
Fahrradkorb	Hinterradbremse	Kettenschutz
Vorderradbremse	Radio	Windrad
Hupe	Katzenaugen	Fahrradständer
Tachometer	Werkzeugtasche	Standlichtakku
Abstandhalter	Sicherheitsgriffe	Gangschaltung

4

Was mein Fahrrad sicher macht

Ausschneidebogen

☺ bis ☺☺

Scheinwerfer	Batteriebetriebener Scheinwerfer	Hell tönende Klingel
Rücklicht	Frontreflektor	Rückstrahler
Luftpumpe	Pedalrückstrahler	Rückspiegel
Fahrradkorb	Hinterradbremse	Kettenschutz
Vorderradbremse	Radio	Windrad
Hupe	Katzenaugen	Fahrradständer
Tachometer	Werkzeugtasche	Standlichtakku
Abstandhalter	Sicherheitsgriffe	Gangschaltung

4 Was mein Fahrrad sicher macht

Lösung

☺ bis ☺☺

1. Lies die Wörter.

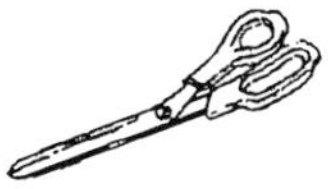
2. Schneide die Karten aus und lege sie an die passende Stelle.
3. Vergleiche mit der Lösung.

4. Klebe die Karten auf.

Eine Hilfe ist das Poster des verkehrssicher ausgerüsteten Fahrrades.

Teile, die für ein verkehrssicheres Fahrrad notwendig sind	**Teile, die zusätzlich sinnvoll sind**	**Teile, die nicht sinnvoll oder nicht zulässig sind**
Hell tönende Klingel	Kettenschutz	Windrad
Sicherheitsgriffe	Abstandhalter	Radio
Katzenaugen	Standlichtakku	Hupe
Pedalrückstrahler	Werkzeugtasche	Rückspiegel
Vorderradbremse	Fahrradständer	Tachometer
Frontreflektor	Batteriebetriebener Scheinwerfer	
Scheinwerfer	Luftpumpe	
Rückstrahler	Fahrradkorb	
Rücklicht	Gangschaltung	
Hinterradbremse		

5 Versuch mit Katzenaugen

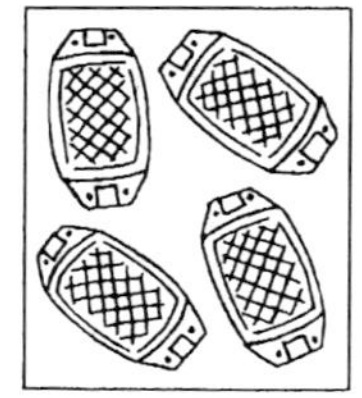

☺☺

Eure Aufgabe:

1. Lest die Versuchsanleitung genau durch.
2. Führt den Versuch im abgedunkelten Versuchsraum durch.
3. Beantwortet einige Fragen zum Versuch.

Für diese Aufgabe benötigt ihr:

- Katzenaugen
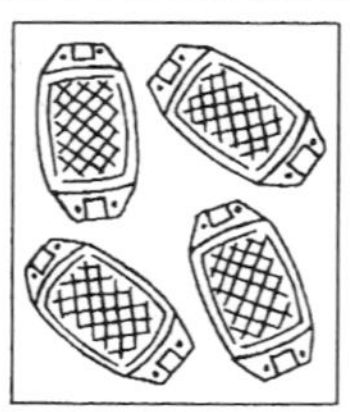
- Eimer mit Schlamm

- Taschenlampe
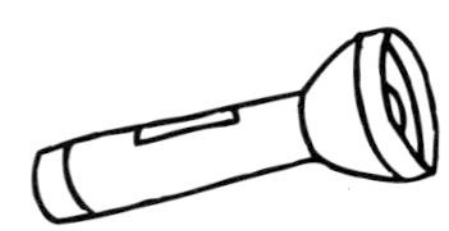
- Stift

- Versuchsanleitung

5 Versuch mit Katzenaugen

☺☺

Name: ______________ **Datum:** __________

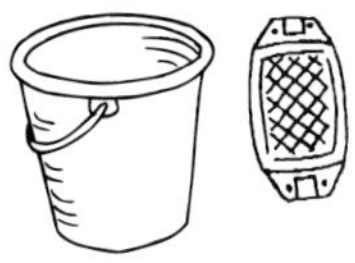

1. Bestreicht einige Katzenaugen mit Schlamm.
2. Einer von euch versteckt ein paar verschmierte und einige saubere Katzenaugen im Raum.
3. Schaltet das Licht aus.

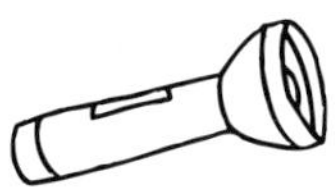

4. Der andere von euch beiden muss versuchen, mit der Taschenlampe die Katzenaugen zu entdecken.
   Wechselt nun.
5. Beantwortet gemeinsam diese Fragen:

a) Welche Katzenaugen wurden zuerst gefunden?

____

____

____

b) Welche werden gar nicht gefunden?

____

____

____

c) Woran kann das liegen?

____

____

____

d) Was bedeutet das im Straßenverkehr?

____

____

____

6

Eierversuch

☺☺ bis ☺☺☺☺

Eure Aufgabe:

1. Lest die Versuchsanleitung genau durch.
2. Führt den Versuch durch.
3. Beantwortet einige Fragen zum Versuch.

Für diese Aufgabe benötigt ihr:

- Mini-Helm
- gekochtes Ei
- Schüssel
- Stift
- Versuchsanleitung

Übrigens: Nach dem Versuch dürft ihr das Ei essen!

6

Eierversuch

☺☺ bis ☺☺☺☺

Name: ______________ **Datum:** __________

1. Legt ein gekochtes Ei in den Mini-Helm.
2. Zieht die Bänder fest.
3. Lasst den Helm aus ungefähr 1 Meter Höhe in die Schüssel fallen.

Was passiert mit dem Ei?

____

____

____

____

4. Lasst nun das Ei aus gleicher Höhe ohne Helm in die Schüssel fallen.

Was passiert mit dem Ei?

____

____

____

____

5. Was könnt ihr mit dem Versuch zeigen?

____

____

____

____

7 Elektroquiz

☺

Deine Aufgabe:

Mit dem Elektroquiz kannst du überprüfen, was du schon weißt.

Wenn die Lampe leuchtet, ist die Antwort richtig!

Für diese Aufgabe benötigst du:

- Elekroquiz 1–4

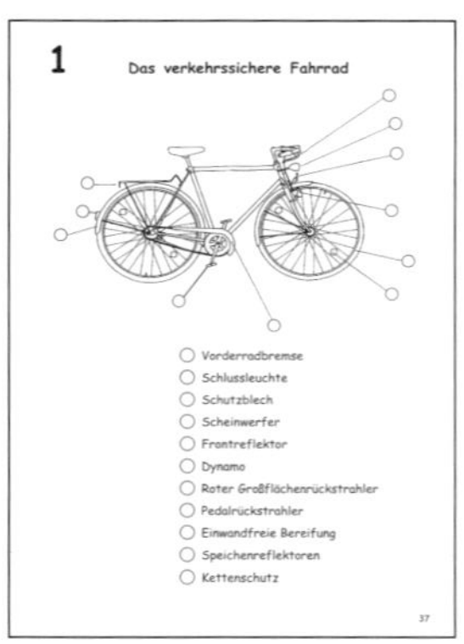

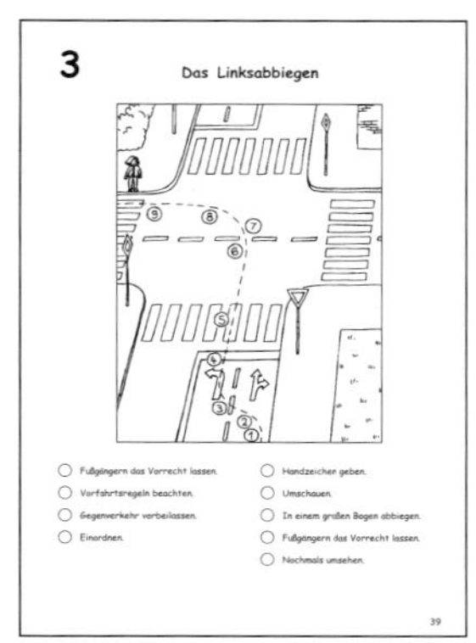

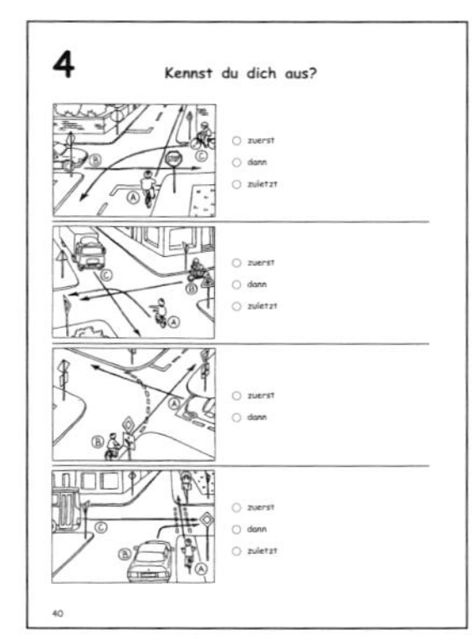

1 Das verkehrssichere Fahrrad

- ◯ Vorderradbremse
- ◯ Schlussleuchte
- ◯ Schutzblech
- ◯ Scheinwerfer
- ◯ Frontreflektor
- ◯ Dynamo
- ◯ Roter Großflächenrückstrahler
- ◯ Pedalrückstrahler
- ◯ Einwandfreie Bereifung
- ◯ Speichenreflektoren
- ◯ Kettenschutz

2

Verkehrszeichen

○ 

- ○ Verbot für Fahrzeuge aller Art.
- ○ Vorsicht! Kinder.
- ○ Einfahrt für Fahrräder verboten.

○ 

- ○ Hier habe ich als Radfahrer Vorfahrt.
- ○ Vorsicht! Fußgänger kreuzen die Straße.
- ○ Einbahnstraße.

○ 

- ○ Vorsicht! Baustelle.
- ○ Hier finden archäologische Grabungen statt.
- ○ Vorsicht! Hier ist die Fahrbahn sehr holprig.

○ 

- ○ Halt! Vorfahrt gewähren.
- ○ Hier habe ich Vorfahrt.
- ○ Verbot für Fahrzeuge aller Art.

○ 

- ○ Hier darf ich nicht Fahrrad fahren.
- ○ Hier darf ich nicht anhalten.
- ○ Dem Gegenverkehr Vorrang gewähren.

○ 

- ○ Vorfahrt gewähren.
- ○ Vorfahrtstraße.
- ○ Gegenverkehr.

○ 

- ○ Hier müssen Radfahrer den Radweg benutzen.
- ○ Hier dürfen nur Fußgänger gehen.
- ○ Hier dürfen Radfahrer auch nebeneinander fahren.

3 Das Linksabbiegen

- ○ Fußgängern das Vorrecht lassen.
- ○ Vorfahrtsregeln beachten.
- ○ Gegenverkehr vorbeilassen.
- ○ Einordnen.
- ○ Handzeichen geben.
- ○ Umschauen.
- ○ In einem großen Bogen abbiegen.
- ○ Fußgängern das Vorrecht lassen.
- ○ Nochmals umsehen.

4 Kennst du dich aus?

○ zuerst

○ dann

○ zuletzt

○ zuerst

○ dann

○ zuletzt

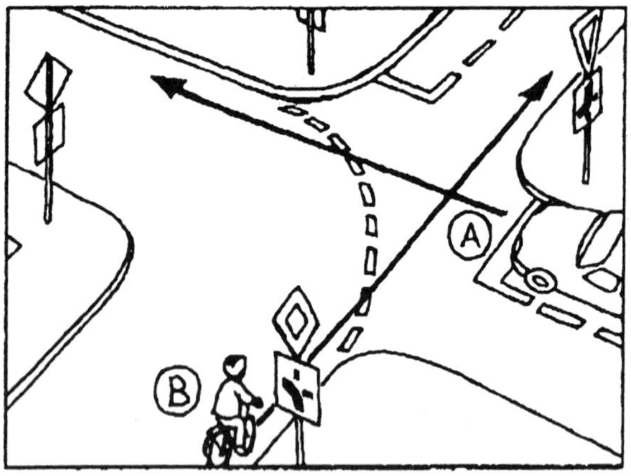

○ zuerst

○ dann

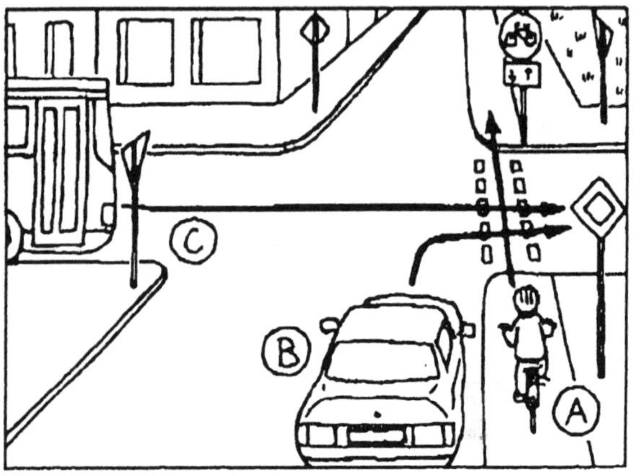

○ zuerst

○ dann

○ zuletzt

8 Verkehrs-Spiele

☺☺ bis ☺☺☺☺

Eure Aufgabe:

1. Wählt ein Spiel aus.
2. Erfindet selber Spielregeln oder spielt nach den üblichen Regeln.

Ihr könnt solange spielen, bis der Sand einmal durch die Uhr gelaufen ist.

Für diese Aufgabe könnt ihr wählen aus:

- 2 verschiedenen Verkehrs-Dominos
- Fahrrad-Memory
- Verkehrszeichen-Memory

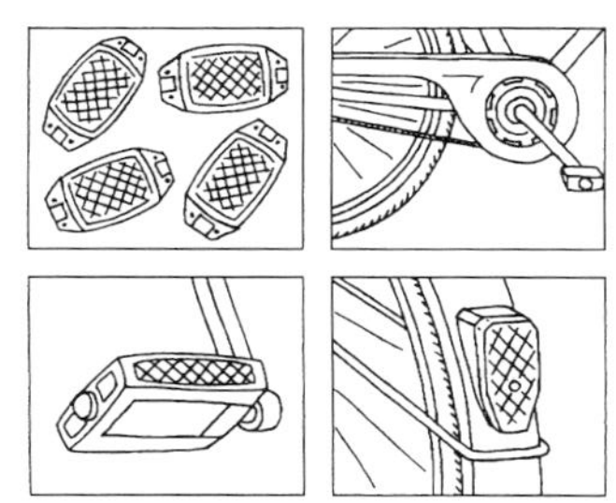

Fahrrad-Memory – Teil 1

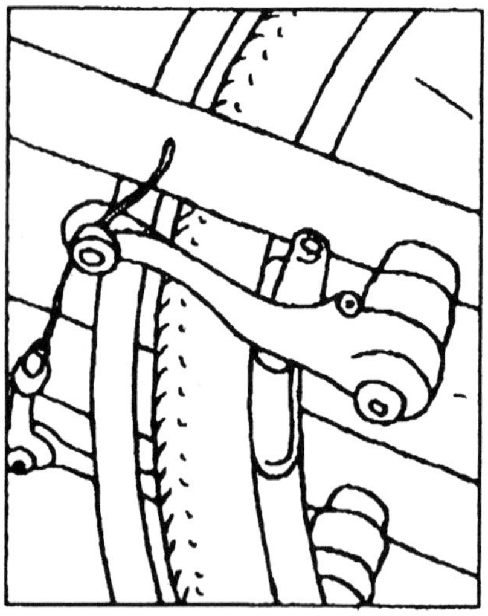
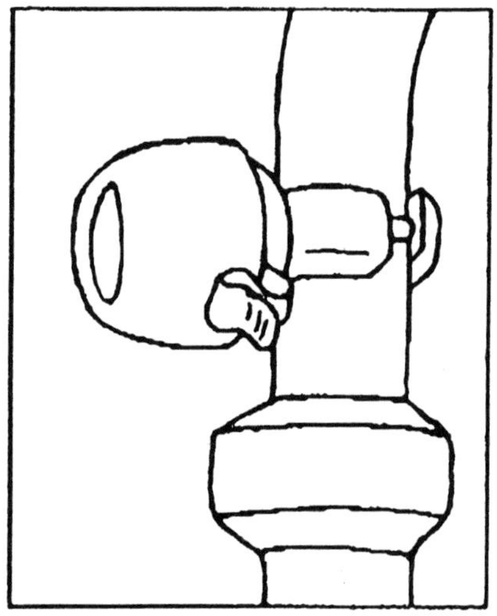

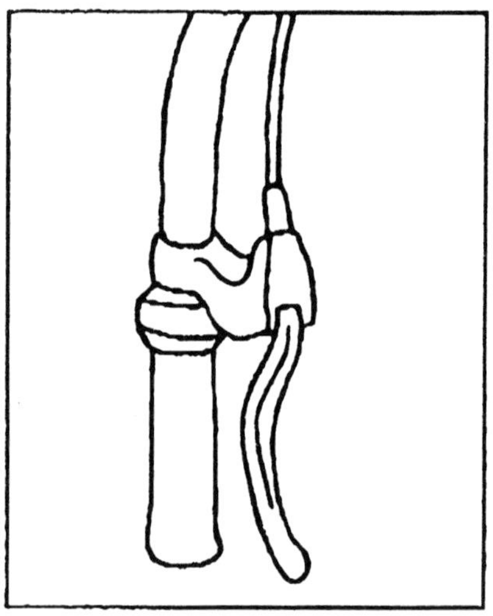
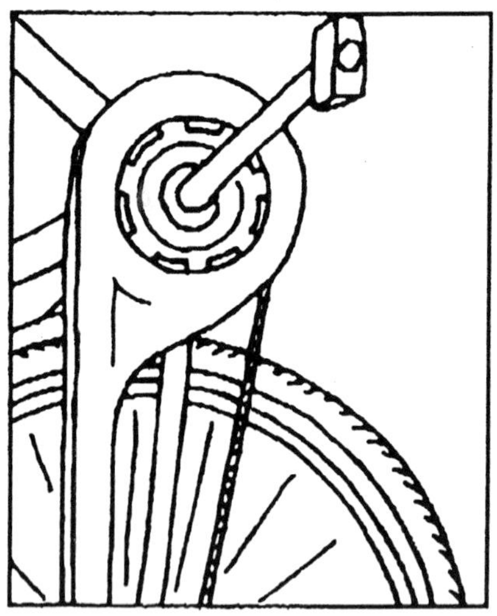
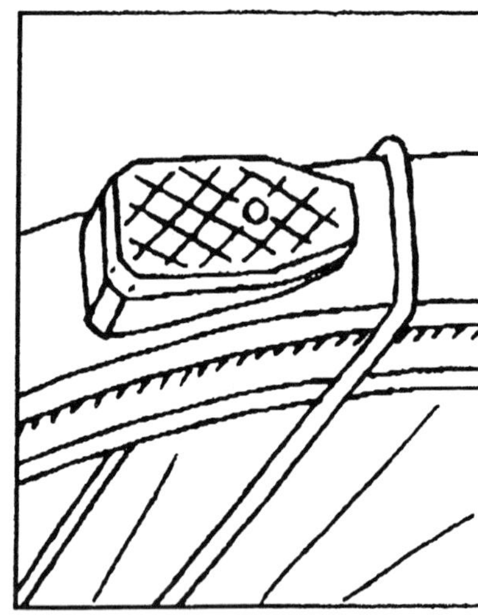
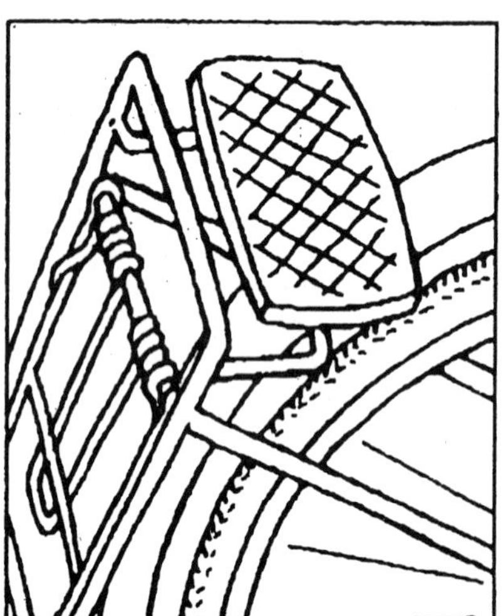
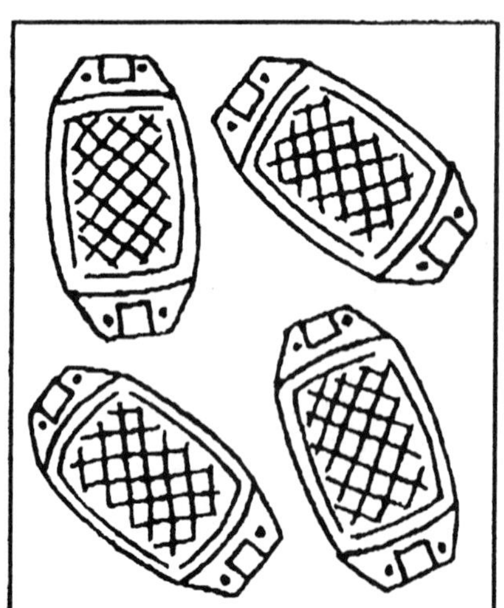
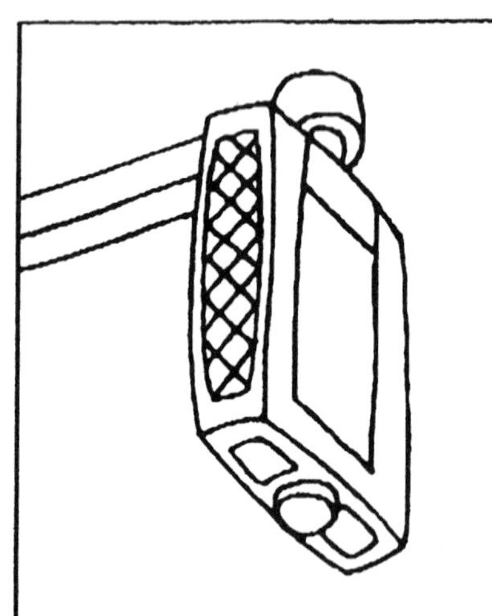

Fahrrad-Memory - Teil 2

Hinterbremse (Bremsbacken)	Klingel	Scheinwerfer
Handbremse (Vorderbremse)	Kettenschutz	Schlussleuchte (Rücklicht)
Großflächen-Rückstrahler	Speichen-reflektoren (Katzenaugen)	Pedal-rückstrahler

Verkehrszeichen-Memory - Teil 1

Verkehrszeichen-Memory - Teil 2

vorgeschriebene Fahrtrichtung: rechts	verengte Fahrbahn	Vorsicht, Baustelle!
Verbot für Fahrzeuge aller Art	Vorfahrt gewähren	Achtung, gefährliche Kreuzung!
Achtung, Fußgängerüberweg!	gemeinsamer Fuß- und Radweg	Fußgängerüberweg
Kinder	Vorfahrtsstraße	Vorfahrt (nur nächste Kreuzung)
Verbot für Radfahrer	Gefahrstelle	Halt! Vorfahrt gewähren!
Radweg	Einbahnstraße	Verbot der Einfahrt

Verkehrszeichen-Domino 1

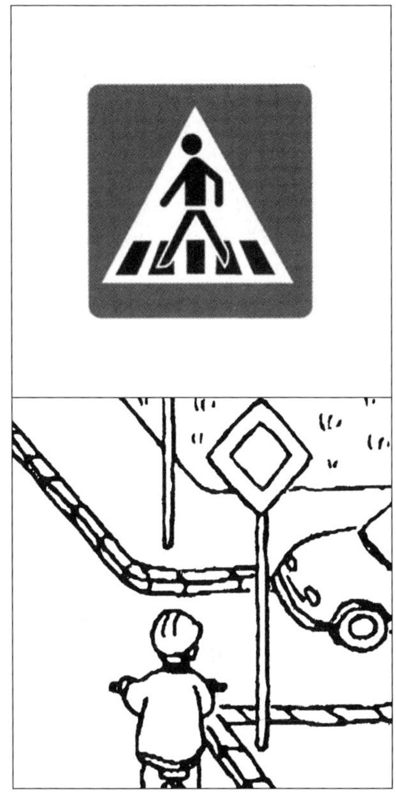

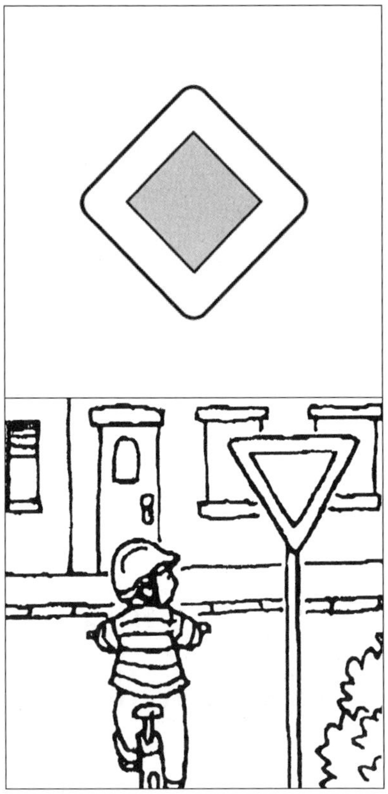

Verkehrszeichen-Domino 2

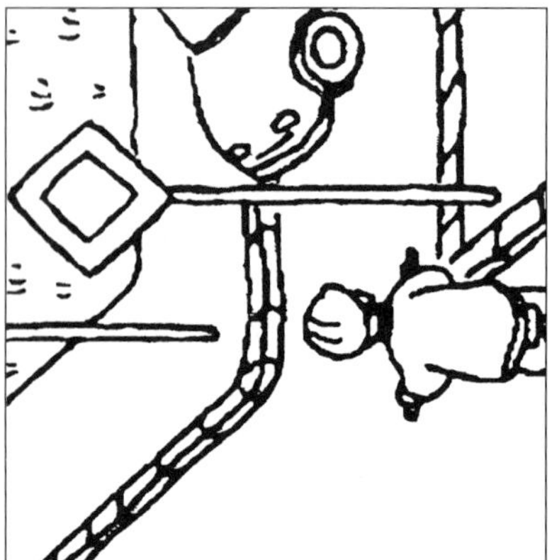

Anfang

Hier ist eine Vorfahrtstraße. Du darfst zuerst fahren – auch wenn ein Fahrzeug von rechts kommt.

Freie Fahrt für Radfahrer! Hier ist ein Sonderweg für Radfahrer.

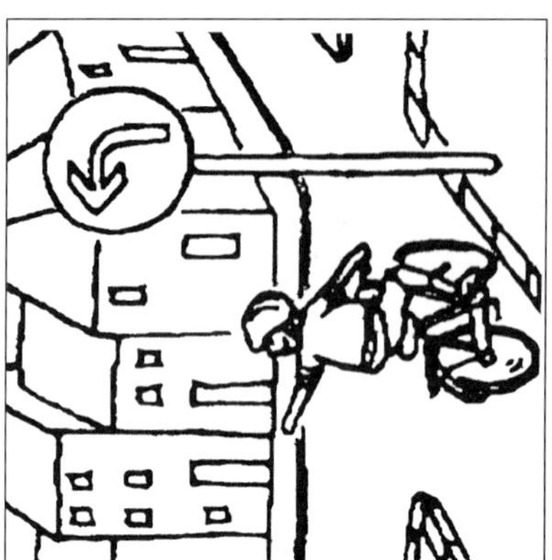

Achtung!
Du bist **nicht** auf einer Vorfahrtstraße.
Du musst genau schauen, ob die Straße frei ist.

Pass genau auf!
Egal, wohin du möchtest – an dieser Stelle ist die vorgeschriebene Fahrtrichtung: links.

Achtung!
Hier kommt ein
beschrankter
Bahnübergang!

Fußgänger und
Radfahrer
kommen sich
nicht in die
Quere – hier ist
ein getrennter
Fuß- und Radweg.

Du darfst nur
in eine Richtung
fahren –
hier ist eine
Einbahnstraße.

Radfahrer
müssen
schieben –
hier ist ein
Sonderweg
für Fußgänger.

Pass auf!
Hier darfst du
nicht fahren –
Verbot für Rad-
fahrer!

Ende

Pass auf! Hier ist ein
Fußgängerüberweg!
Als Radfahrer
musst du warten,
bis alle Fußgänger
die Straße überquert
haben.

9

Was kann hier gefährlich werden?

☺☺ bis ☺☺☺

Eure Aufgabe:

1. Wählt mindestens 3 Bilder aus und seht sie euch genau an.
2. Sprecht darüber, was in der jeweils dargestellten Situation gefährlich werden kann.
   Was kann man tun, um diese Situation zu vermeiden?
3. Notiert eure Ergebnisse auf dem Arbeitsblatt.

Für diese Aufgabe benötigt ihr:

- AB
- Stift
- Bildkarten 1–8

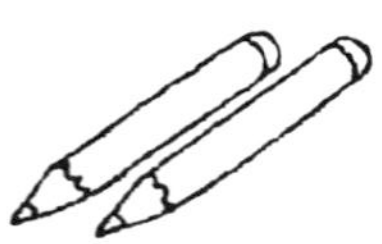

①

②

③

④

⑤

⑥

⑦

⑧

9 Was kann hier gefährlich werden?

☺☺ bis ☺☺☺

Name: ________________ **Datum:** __________

1. Wählt mindestens 3 Bilder aus und seht sie euch genau an.
2. Sprecht darüber, was in der jeweils dargestellten Situation gefährlich werden kann.
   Was kann man tun, um diese Situation zu vermeiden?
3. Notiert eure Ergebnisse.

Zu Bild Nr.:

_____ ______________________________________

____

____

____

____

_____ ______________________________________

____

____

____

____

_____ ______________________________________

____

____

____

____

①

②

③

④

⑤

⑥

⑦

⑧

10 Unterwegs sein, aber wie?

☺☺ bis ☺☺☺

Eure Aufgabe:

1. Lest die Geschichte über Julia und sprecht darüber, ob sie bei der Wahl des Fahrzeuges immer gut überlegt hat.
2. Sprecht darüber, welche Vor- und Nachteile es hat, wenn man
   - zu Fuß geht,
   - mit dem Auto gefahren wird,
   - Bus oder Bahn benutzt,
   - mit dem Fahrrad fährt?

3. Tragt eure Ergebnisse in die Tabelle auf der Rückseite des AB ein.

Für diese Aufgabe benötigt ihr: ● AB ● Stift

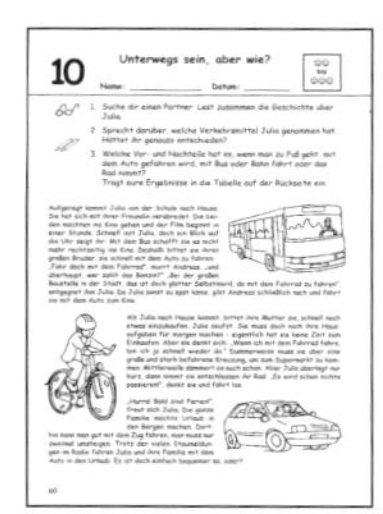

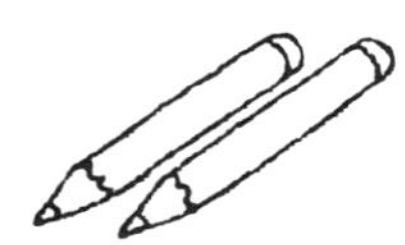

10 Unterwegs sein, aber wie?

☺☺ bis ☺☺☺

Name: ________________ **Datum:** __________

1. Suche dir einen Partner. Lest zusammen die Geschichte über Julia.
2. Sprecht darüber, welche Verkehrsmittel Julia genommen hat. Hättet ihr genauso entschieden?
3. Welche Vor- und Nachteile hat es, wenn man zu Fuß geht, mit dem Auto gefahren wird, mit Bus oder Bahn fährt oder das Rad nimmt?
   Tragt eure Ergebnisse in die Tabelle auf der Rückseite ein.

Aufgeregt kommt Julia von der Schule nach Hause. Sie hat sich mit ihrer Freundin verabredet. Die beiden möchten ins Kino gehen und der Film beginnt in einer Stunde. Schnell isst Julia, doch ein Blick auf die Uhr zeigt ihr: Mit dem Bus schafft sie es nicht mehr rechtzeitig ins Kino. Deshalb bittet sie ihren großen Bruder, sie schnell mit dem Auto zu fahren. „Fahr doch mit dem Fahrrad", murrt Andreas, „und überhaupt, wer zahlt das Benzin?" „Bei der großen Baustelle in der Stadt, das ist doch glatter Selbstmord, da mit dem Fahrrad zu fahren", entgegnet ihm Julia. Da Julia sonst zu spät käme, gibt Andreas schließlich nach und fährt sie mit dem Auto zum Kino.

Als Julia nach Hause kommt, bittet ihre Mutter sie, schnell noch etwas einzukaufen. Julia seufzt. Sie muss doch noch ihre Hausaufgaben für morgen machen – eigentlich hat sie keine Zeit zum Einkaufen. Aber sie denkt sich: „Wenn ich mit dem Fahrrad fahre, bin ich ja schnell wieder da." Dummerweise muss sie über eine große und stark befahrene Kreuzung, um zum Supermarkt zu kommen. Mittlerweile dämmert es auch schon. Aber Julia überlegt nur kurz, dann nimmt sie entschlossen ihr Rad. „Es wird schon nichts passieren!", denkt sie und fährt los.

„Hurra! Bald sind Ferien!", freut sich Julia. Die ganze Familie möchte Urlaub in den Bergen machen. Dorthin kann man gut mit dem Zug fahren, man muss nur zweimal umsteigen. Trotz der vielen Staumeldungen im Radio fahren Julia und ihre Familie mit dem Auto in den Urlaub. Es ist doch einfach bequemer so, oder?

10

Unterwegs sein, aber wie?

☺☺ bis ☺☺☺

	Vorteile	Nachteile
 Auto		
 Fahrrad		
 zu Fuß		
 Bus oder Bahn		

Hier wird der Sachunterricht zum Erlebnis!

Dieter Neumann

Fahrrad-Fahrschule

Vom Fahranfänger zum Fahrkönner

Anleitung für Fahrradfahrer
zur Vorbereitung auf die Radfahrausbildung
in der Jugendverkehrsschule

134 S., kart. Best.-Nr. **3167**

Sie wollen Hilfe für Ihre Verkehrserziehung aus erprobter, fachmännischer Hand? Dann ist die Fahrrad-Fahrschule von Dieter Neumann genau das Richtige für Sie! Aus seiner langjährigen Unterrichtspraxis ist der Autor mit allen Problemen der Verkehrserziehung in Kindergarten und Schule bestens vertraut. Von der geschichtlichen Entwicklung bis hin zu ganz konkreten Fragen wie „Welches Fahrrad für mein Kind?" erhalten Sie fundierte Antworten. Neben Übungseinheiten für Fahranfänger finden Sie in diesem Band nicht nur fertig ausformulierte Elternbriefe, sondern auch Vorschriften der StVO. Freie Fahrt für eine tolle Verkehrserziehung!

Aus dem Inhalt:
- Fahrradtypen
- Wichtige Vorschriften der StVO für den Radfahrer
- Das betriebssichere Fahrrad
- Das verkehrssichere Fahrrad
- Unfallgefahren
- Praktische Fahrübungen in Hülle und Fülle

u. v. m.

Rolf Siller (Hrsg.)

Kinder unterwegs – Schule macht mobil

Verkehrs- und Mobilitätserziehung in der Schule

Arbeitsbuch für die Grundschule

148 S., DIN A4, kart., **inkl. DVD, Kopiervorlagen und Folien** Best.-Nr. **3918**

Dieses Buch bietet in **33 klar strukturierten Unterrichtsbausteinen** praktische Übungsmöglichkeiten, die helfen, Kinder auf ein umsichtiges Verhalten im Straßenverkehr vorzubereiten.
Dabei wird vor allem der **Lebensraum Großstadt** berücksichtigt, das heißt, man kann mit den Kindern gezielt den Umgang mit öffentlichen Verkehrsmitteln einstudieren und sie so zu größerer Selbstständigkeit ermutigen. Durch die Unterrichtsbausteine „Blinde im Straßenverkehr" und „Mobilität von Behinderten" lernen behinderte Kinder sich freier in ihrer Umgebung zu bewegen.
In der im Materialpaket enthaltenen **DVD** wird die **Geschichte von der „zauberhaften Busschule"** erzählt: Vier Freunde müssen auf ihrem Weg zu ihrer Zauberstunde so manches spannende Abenteuer bestehen.

Weitere wichtige Bestandteile des Buches sind beispielsweise:
- Theoretischer Teil rund um das Thema Mobilität
- Kinder auf Rollerskates
- Vandalismus im Straßenverkehr u. v. m.

Doris Liebl

Reaktion, Koordination und Balance

Unterrichtsideen für einen ganzheitlichen Sportunterricht
in der 1. und 2. Jahrgangsstufe

60 S., DIN A4, kart. Best.-Nr. **3874**

Kinder brauchen mehr Bewegung!
Die immense Reizüberflutung durch die elektronischen Medien können die Kinder körperlich kaum verarbeiten. Dieses Buch sorgt für den notwendigen Ausgleich! Es basiert auf den neuesten Erkenntnissen der Sport- und Gesundheitserziehung und vermittelt den Kindern Folgendes:
- Sich bewegen macht Spaß!
- Viele Situationen aus der Medienwelt sind nachspielbar (Bewegungs- und Fantasiegeschichten).
- Selbst erlebte Abenteuer, wenn möglich mit Freunden, sind spannender als Abenteuer aus der Retorte.

Die Unterrichtssequenzen sind leicht vorzubereiten und bieten eine Fülle an neuen und ungewöhnlichen Ideen für einen ganzheitlichen Sportunterricht, unterstützt durch Illustrationen und Fotos.

Auer **BESTELLCOUPON** Auer

Ja, bitte senden Sie mir/uns

____ Expl. Dieter Neumann
Fahrrad-Fahrschule Best.-Nr. **3167**

____ Expl. Rolf Siller (Hrsg.)
Kinder unterwegs – Schule macht mobil Best.-Nr. **3918**

____ Expl. Doris Liebl
Reaktion, Koordination und Balance Best.-Nr. **3874**

mit Rechnung zu.

Rund um die Uhr bequem bestellen!
Telefon: 01 80/5 34 36 17
Fax: 09 06/7 31 78
E-Mail: info@auer-verlag.de

Bitte kopieren und einsenden an:

Auer Versandbuchhandlung
Postfach 11 52
86601 Donauwörth

Meine Anschrift lautet:

Name/Vorname

Straße

PLZ/Ort

Datum/Unterschrift

E-Mail

Praxisorientiert und topaktuell: Materialien von Auer!